www.ingramcontent.com/pod-product-compliance
Lightning Source LLC
Chambersburg PA
CBHW042139110726
48006CB00003B/923

بائِع الفَرَح

تأليف: جيكر خورشيد

رسم: سندس الشايبي

كُنْتُ أَظُنُّهُ مُتَسَوِّلًا يَجْلِسُ في السّاحاتِ لِيَجْمَعَ النُّقود. لَكِنَّني كُنْتُ مُخْطِئًا.

لَقَدْ كانَ يَبيعُ الفَرَحَ لِلنّاسِ مُقابِلَ كَلِمَةِ «شُكْرًا»، أَوْ تَصْفيقٍ، أَوْ قِطْعَةٍ نَقْدِيَّةٍ مَعْدَنِيَّةٍ يَضَعُها بَعْضُهُم في وِعاءٍ نُحاسِيٍّ أمامَه.

كانَ يَعْزِفُ عَلى آلَتِهِ الموسيقِيَّةِ مُبْتَسِمًا عَلى الرَّغْمِ مِنَ البَرْدِ والمَطَر. رُبَّما كانَتْ أَلْحانُهُ تَمْنَحُهُ الدِّفْء.

وَقَفْتُ قُرْبَهُ وصِرْتُ أَسْتَمِعُ إلى عَزْفِهِ
الْمُفْرِحِ. كانَتْ أَلْحانُهُ تَطيرُ في الجَوِّ
وتَنْشُرُ الفَرَحَ بَيْنَ النّاس.

رَأَيْتُ في البَعيدِ طِفْلًا يَبْكي ولا يَريدُ السَّيْرَ
مَعَ أُمِّه. ولَكِنَّهُ فَجْأَةً رَكَضَ بِاتِّجاهِ بائِعِ الفَرَح.

4

وراحَ يَضْحَكُ وهُوَ يَسْتَمِعُ إلى عَزْفِهِ.
ثُمَّ أمْسَكَ يَدَ أُمِّهِ ورَحَلا مُبْتَسِمَيْن.

ثُمَّ مَرَّ أمامَ بائِعِ الفَرَح، رَجُلٌ كانَ يَتَكَلَّمُ بِصَوْتٍ عالٍ، لَكِنَّهُ عِنْدَما سَمِعَ الأَلْحانَ تَوَقَّفَ عَنِ الكَلام.

رَاحَ يَتَأَمَّلُ بَائِعَ الفَرَحِ
وَيَسْتَمِعُ إِلَى عَزْفِهِ.

أَخْرَجَ الرَّجُلُ مِنْ جَيْبِهِ
قِطْعَةً مَعْدَنِيَّةً، وَوَضَعَها
فِي الوِعَاءِ النُّحَاسِيِّ
وَغَادَرَ لِيُكْمِلَ مُكَالَمَتَهُ
بِلُطْفٍ وَهُدُوءٍ.

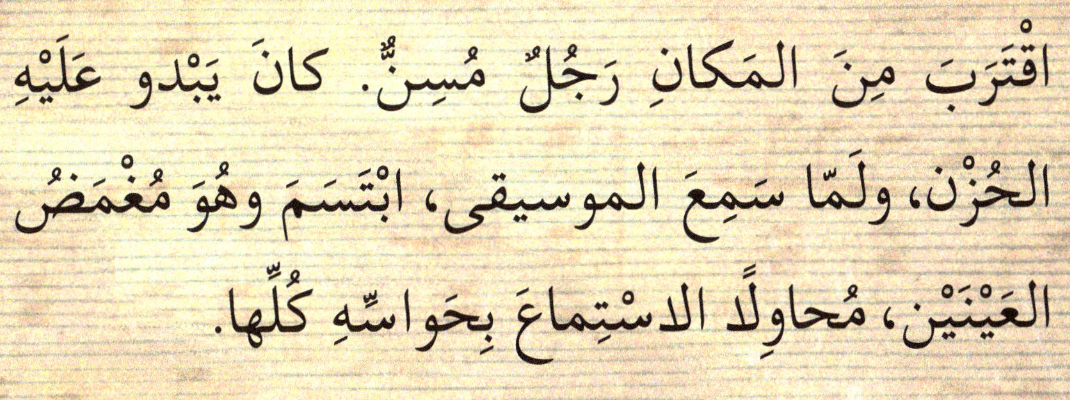

اِقْتَرَبَ مِنَ الْمَكَانِ رَجُلٌ مُسِنٌّ. كَانَ يَبْدو عَلَيْهِ الْحُزْن، وَلَمَّا سَمِعَ الموسيقى، اِبْتَسَمَ وَهُوَ مُغْمَضُ الْعَيْنَيْن، مُحاوِلًا الاسْتِماعَ بِحَواسِّهِ كُلِّها.

تَنَهَّدَ الرَّجُلُ الْمُسِنُّ ثُمَّ راحَ يَنْظُرُ إلى السَّماء، وَهُوَ يَسيرُ مُتَفائِلًا بَعْدَما أَفْرَغَ جَيْبَهُ مِنَ النُّقودِ الَّتي وَضَعَها في الوِعاء.

to the roman
Two
VIS-
EDUARD H
mf cresc.

بَعْدَئِذٍ، رَأَيْتُ عَجوزًا تَسيرُ مُتَوَكِّئَةً
عَلى عُكّازَتِها، تَطْلُبُ المُساعَدَةَ إلى المارَّةِ. ثُمَّ
وَقَفَتْ أمامَ بائِعِ الفَرَحِ، وقالَتْ لَهُ: «اِمْنَحْني الفَرَحَ!»

تَوَقَّفَ الموسيقِيُّ عَنِ العَزْفِ، ثُمَّ حَمَلَ الوِعاءَ وأفْرَغَ
النُّقودَ في كَفِّ العَجوزِ. وعادَ إلى العَزْفِ مُجَدَّدًا.

شَكَرَتِ العَجوزُ العازِفَ على كَرَمِهِ، وغادَرَتْ والبَسْمَةُ
لا تُفارِقُ وَجْهَها.

اقْتَرَبْتُ مِنَ العازِفِ وقُلْتُ لَهُ بَعْدَما وَضَعْتُ مَصروفي في الوِعاء: «شُكْرًا لِأنَّكَ تَمْنَحُنا الفَرَحَ!».

اِبْتَسَمَ لي بائِعُ الفَرَح،
وتابَعَ عَزْفَ الموسيقى للنّاسِ جَميعًا.